LETTRE

SUR LE

MANTIC UTTAIR.

Paris. — Impr. de Pommeret et Moreau, 17, quai des Augustins.

LETTRE

SUR LE

MANTIC UTTAIR

(LANGAGE DES OISEAUX),

POEME PERSAN DE PHILOSOPHIE RELIGIEUSE.

PAR FARID UDDIN ATTAR.

Extrait de la Revue de l'Orient, de l'Algérie et des Colonies, Numéro de Juillet 1856.

PARIS,

JUST ROUVIER, LIBRAIRE-ÉDITEUR,
Bureau de la Revue de l'Orient, de l'Algérie et des Colonies,
20, RUE DE L'ÉCOLE-DE-MÉDECINE.

1856

LE MANTIC UTTAIR

(LANGAGE DES OISEAUX),

POEME PERSAN DE PHILOSOPHIE RELIGIEUSE,

PAR FARID UDDIN ATTAR.

M. Garcin de Tassy vient de mettre sous presse, à l'imprimerie impériale, le texte de ce poëme célèbre, qui n'avait jamais vu le jour jusqu'ici, et il en a publié l'analyse dans un mémoire qui a paru dernièrement sous le titre de : « Poésie philosophique et religieuse des Persans, d'après le *langage des oiseaux.* » Une dame du monde, distinguée par son esprit et par son savoir, madame la marquise de S..., a adressé, à cette occasion, à l'auteur une lettre qui nous paraît de nature à intéresser nos lecteurs et que nous croyons devoir publier.

J'ai lu, Monsieur, votre intéressante traduction du *Langage des oiseaux*, et c'est avec empressement que je cède au désir de vous exprimer tout l'intérêt qu'elle m'a inspiré. Quoique nous sachions que Dieu a répandu l'esprit par toute la terre, nous nous prenons parfois à nous étonner de le voir surgir des lieux où nous n'avons pas coutume de le puiser, et nous, gens du monde, qui savons peu, nous trouverions presque singulier d'apprendre que des peuples, que nous n'électrisons pas de notre admiration quotidienne, se passent de nous au point d'enfanter les rêves savants et fleuris comme ceux des Orientaux que vous nous communiquez.

Une fois l'initiation faite, un nouveau sentiment se produit, c'est celui de l'admiration envers ceux qui élargissent pour nous les champs de la science. Vous êtes, Monsieur, avec nos philologues, les chevaliers errants de nos temps qui allez, armés par l'esprit, conquérir quelque belle pensée emprisonnée dans un idiome étranger. Vous rompez sa chaîne, vous éclairez les ténèbres qui l'environnent et vous lui faites faire le tour du monde, ne demandant pour récompense que celle de graver son nom sur votre écusson.

Mais quels travaux peuvent être comparés aux vôtres dans les périlleuses entreprises que vous affrontez? Tous les monstres et les enchantements vaincus par les Roland et les Amadis peuvent-ils se comparer aux affreux labyrinthes où vous devez vous engager pour arriver au livre philosophique? On est effrayé des dangers que court le traducteur, marchant sur les précipices du sens mystique et métaphysique de son original; et il faut, à chaque instant, qu'il nous rassure et justifie ses interprétations en s'appuyant, dans ses savantes notes, sur mille citations qui nous montrent que, pour ne pas s'égarer, il faut qu'il soit au moins autant historien, philosophe, géographe, théologien que traducteur.

C'est ce que vous nous prouvez, Monsieur, en nous livrant votre précieux ouvrage. Sous cette ingénieuse allégorie du langage des oiseaux, vous nous faites saisir la pensée panthéiste des sofis indiens qui promettent à leurs croyants fidèles l'*unification* avec l'Etre suprême, universel, source de tout bien. Les discours de la huppe, moteur de la propagande de la grande émigration vers *Simorg* le Dieu promis, nous initient, ainsi que les objections des oiseaux qui se proposent de la suivre, à tous les plus curieux détails de la philosophie indienne. La mollesse de la plupart des oiseaux pour entreprendre une course si périlleuse, leurs doutes, leurs scrupules, les biens qu'ils doivent quitter, les sept vallées terribles qu'ils devront traverser avant d'arriver au but sacré, nous livrent les plans variés de cette religion poétique qui a brodé le fond de ses erreurs, avec les produits de sa propre sagesse et des larcins faits jusqu'en nos livres sacrés.

Mais, tandis que je suivais les voyages si curieux des oiseaux d'Attar, un tableau s'est offert à moi : j'ai passé dans une vision qui m'a fait entrer en rapport avec les oiseaux français pris à une époque que je ne peux bien préciser, mais qui ne m'a paru être en aucun point la nôtre!

J'ai donc vu des oiseaux fort huppés qui, s'ils n'avaient pas toute la profondeur et la propagande désintéressées de la huppe, n'en prétendaient pas moins guider nos compatriotes vers le nouveau *Simorg*, qu'ils nommaient, il m'a semblé, le *Dieu d'en bas*, ou *Bonheur terrestre*. J'ai vu les mêmes voyageurs que ceux dont vous nous livrez les noms, qui se sont présentés à la huppe. Celle-ci avait fait ajouter trois plumes de pie à sa couronne et leur a parlé en ces termes :

« Oiseaux caquetants et voletants, vous devez tous tendre à la grande unification avec Simorg. Quand on est arrivé à ce beau moment où l'on se fond en sa propre substance, on n'est plus soi, mais on est lingot, monnaie, pompon, rosace, croix, épaulette, grand-cordon, portefeuille, crachat, papier timbré, gibier, millet, victuaille et gobergements. Tout cela est le nouveau Simorg. Vous deviendrez lui, lui sera vous, etc., etc. »

Elle ajouta à cela des réflexions néo-morales sur ce que Attar nomme la *chienne d'âme*, qu'elle réhabilita victorieusement en la montrant sous un jour tout nouveau.

Les oiseaux furent appelés ensuite à faire valoir leurs objections. Mais, contrairement aux oiseaux persans, les nôtres ne demandaient qu'à partir.

Le paon est le premier admis à soumettre ses cas de conscience. Il dit :

« Je n'ai vraiment qu'à me féliciter de ce qui se passe autour de moi. Il y aurait, de ma part, une fausse modestie à méconnaître que je suis, en ce moment, le point de mire de la gent parisienne. J'ai mis enfin en vigueur ce goût pour la parure et ce besoin qui me possède d'être toujours endimanché et merveilleux sur toutes les coutures, et le mot de *fashion*, créé pour moi, a fait une secte de mes croyants. Mais mon triomphe porte son abus. Arbitre de la mode, je me vois suivi par les contrefacteurs, et je ne puis dissimuler plus longtemps que la prérogative que les dindons se sont arrogée de faire aussi la roue m'est insupportable. Je sais bien qu'ils ne sont que dindons, mais tout le monde n'est pas connaisseur. J'ai beau envoyer des circulaires avec ce grand mot : *Ne pas confondre*..... plus d'un les salue, quand ils se font annoncer comme paons, et beaucoup se sont égarés au point de leur demander des avis.

« Tranchons le mot ! J'ai de l'humeur et n'aspire plus qu'à m'infuser dans la grande unification où je me revêtirai des sept couleurs du prisme indélébilement répandues sur l'immuable pompon de mon essence sublime. »

Le paon fait observer qu'il est d'autant mieux disposé à entreprendre la traversée, qu'il se sent prémuni contre les difficultés du trajet. On lui a parlé de nombreux marais et de fondrières à passer pour arriver à Simorg. Il dit :

« Voyez mes pattes ! Loin de m'en humilier, j'en suis réjoui maintenant. Ce sont de véritables pattes de voyage, et pour ces temps où l'on va si terre à terre, et où les ailes sont choses de luxe dans bien des étapes, je trouve que Dieu fut sage en sacrifiant cette partie de ma toilette. Beau par la tête avec des pattes propres à passer partout, voilà le vrai voyageur du progrès. Donc, je pars. »

La huppe, après avoir pris des notes sur son discours, le commenta et déclara qu'il professait une aimable philosophie.

Le faucon vint à son tour et dit :

« Vous êtes peut-être surpris de me voir chercher mieux que ce que j'ai ! En effet, le sort des faucons s'est bien amélioré depuis leur siècle des lumières qui les a délivrés du chaperon, et depuis l'affranchissement des *serres* qui les laisse faire patte basse sur tout oiseau à leur profit. Mais le métier s'est bien gâté depuis que tous les faucons chassent. Le gibier devient rare ; on se dispute une proie. Nous conservons, il est vrai, le rare avantage qu'ont ceux qui sont en haut, de fasciner ceux d'en bas, et nous entretenons notre table avec les alouettes éternellement flâneuses et dupes qui s'éblouissent à nous voir, et croient que nous allons leur en faire tomber de toutes rôties dans le bec. Mais l'esprit d'intrigue, la passion, je ne sais quelle agitation secrète qui possède le monde volatile, l'empêche d'engraisser, et nous ne faisons que nous amaigrir nous-mêmes en le croquant. Et puis, ô huppe! la concurrence! Les alouettes, dont je vous parlais tout à l'heure, ne savent plus où donner de la tête pour se faire prendre. La raquette, le filet, et le miroir donc! On dit que la vérité seule en portait un jadis ; comment a-t-elle pu le laisser tomber entre les mains des braconniers? Si vraiment on s'unifie par Simorg à la jouissance ineffable de ce gibier sans yeux et sans ailes que j'ai tant rêvé, ou à celui dont le doux instinct le conduirait dans les bras du chasseur (ici le faucon laisse tomber une larme), je mets mon éperon et je pars. »

La huppe, après avoir promis la proie rêvée, le présenta à ses compagnons comme un industriel ayant les idées les plus nettes sur le remaniement de l'éducation du gibier.

Le rossignol lui succéda et dit : « Dieu merci, je suis soulagé de la somnolente constance que mon amour pour la rose m'imposait. Grâces aux novateurs des jardins, on la renouvelle sous tant de formes, on varie tant son costume que, lorsque je cherche mon amante, je ne rencontre qu'une Camargo qui m'échappe sous mille travestissements divers. Ses changements autorisent ma légèreté. Les amours du rossignol et de la rose sont un carnaval permanent.

« Je prends facilement mon congé, d'autant plus que je laisse un rival qui charmera ma belle pendant mon absence; c'est un geai qui se proclame chanteur et se fait accompagner par un furieux vent-coulis qu'il compare à un sax-horn. La rose prétend que cette musique est plus énergique que la mienne. Je le crois bien! Cette dernière saison musicale m'a brisé le larynx ; car ma rose, qui se contentait jadis de mon chant avec accompagnement d'un doux orchestre, dirigé par la brise nocturne, exige maintenant que je chante pendant qu'il tonne. Vous ne sauriez croire combien c'est fatigant de chanter avec accompagnement de tonnerre.

« Ces considérations me font réfléchir. Peut-être si j'avais le moyen de faire teindre les plumes de mes ailes couleur indigo comme le geai... Mais je suis un pauvre diable de rossignol qui laisse la farine pour le son, et j'ai peur de n'être plus de mon temps.

« Menez-moi donc à Simorg pour que j'enlumine un peu mon paletot gris et prenne mon rang dans l'harmonie universelle. »

La huppe reconnut que : le rossignol, cet artiste estimable et consciencieux, comprenait les besoins de l'époque et se retirait à temps.

Le paon le pria d'obtenir pour lui, avant le départ, une audition de la rose. « J'ai tant de voix, lui dit-il, que je consens qu'on ajoute au tonnerre l'orchestre d'un des théâtres de Paris. »

Le canard arriva tout essoufflé et dit : « O huppe très-huppée ! vous voyez en moi un oiseau prêt à partir, et je me ris du qu'en dira-t-on ? Qu'on me renvoie les cancans que j'ai introduits dans le monde, et dont il a si bien profité... Soit. Je ne suis pas à sec, j'ai de quoi y répondre, et je commencerai à dire à ceux qui cancannent que je n'ai plus grand plaisir à nager. Depuis qu'on a pris l'habitude de pêcher en eau trouble, je ne me vois plus une baignoire transparente, et c'est à propos des promesses d'indemnité qu'on m'a faites, que les brouillards de la Seine ont été inventés.

« Je suis, en outre, débordé par les plagiaires. Mais pourquoi cette rage d'imiter ? Que chacun invente pour son compte. Moi, j'ai pris mon brevet pour faire le plongeon, nager entre deux eaux, surnager au besoin... Qu'a-t-on fait ? On a déclaré la prescription, et maintenant on renchérit sur moi de façon à me faire paraître, moi l'inventeur, comme un ci-devant. C'est un abatis anticipé qu'on fait de ma personnalité. »

Le canard ajoute que, pour laisser le champ libre à ses imitateurs, il s'était insinué dans les eaux de quelques journaux célèbres ; mais que, encore de là, il a été dépisté, et que définitivement, plutôt que de voir le monde s'unifier à lui, il aime mieux aller s'infuser dans Simorg. Qu'on gagne plus à prendre de la substance des autres qu'à céder de la sienne, et qu'en conséquence, il ne lui reste plus qu'à prendre sa *canne* et à partir.

La huppe déclare que cet oiseau a trop d'actualité pour que son absence même puisse nuire à son état social. L'on opine, séance tenante, pour lui faire élever une statue à l'instar du colosse de Rhodes qui aurait une patte sur chacun des bords de la Seine. Le canard profite de l'élan pour faire circuler une brochure ayant pour titre : *Un mot sur l'affranchissement et la moralisation par l'attraction sympathique des canards noirs de la Cafrerie.*

« L'incorporation à un bonheur quelconque par le grand Simorg me fait sortir de ma stupeur. J'ai fait, ce matin, gréer mes ailes à neuf pour vous suivre et mettre un bec osanore, pour chasser en route, dit le hibou; car je me fais vieux, et me complète avec du postiche. Ah! Nom d'une souris! (Pardon ô huppe! nous prenons une fâcheuse habitude de jurer dans nos clubs, mais je vais me surveiller.) Je suis dépité contre la vie qu'on me fait. Les Parisiens n'ont plus que des jours; ils ont lavé la nuit comme un chiffon noir mal teint. Les voiles des heures sombres ne sont pour eux qu'une fiction. J'ai les yeux perdus. Il m'a fallu absolument passer par les lunettes bleues, depuis que l'habitude, qu'ont prise les Parisiens de ne se réunir que le lendemain de toute invitation, entretient des chars enflammés, roulant du soir au matin dans les rues. Sans compter cet horrible gaz qui repousse les aventures nocturnes, délices des hiboux, dans le domaine des fées.

« Morphée, que j'ai reconduit l'autre jour au chemin de fer de Versailles, et que, par parenthèse, je ne reconnaissais pas, parce qu'il porte un abat-jour, me disait: « Je suis « comme vous, mon cher! Je dors tout debout; je ne sais « plus où trouver un filet d'ombre pour me reposer la vue. »

« Ce bon ami m'a fort engagé à m'associer à une compagnie qui a pour but l'extraction de *ténèbres* d'une fouille nouvellement ouverte; mais il était trop assoupi pour m'éclairer sur sa raison sociale. Je m'en tiens donc à Simorg.

« D'ailleurs je me suis allégé de toute idée rétrospective. Car, préposé à la garde des trésors, comme vous savez, j'ai suivi le flot, et, plus disposé que personne à manger la grenouille, ma foi! j'ai croqué le mien. On m'a dit qu'un voyage d'agrément était, indiqué dans ces circonstances, pour ma santé. C'est, je crois, ce qu'on appelle changer d'air à propos. »

La huppe se plut à reconnaître que ce hibou était un oiseau d'affaires, qui, malgré ses lunettes bleues, voyait les choses sous un très-beau jour. Elle fit valoir ses bonnes relations avec Morphée qui, resté le seul candidat sérieux de l'Olympe, était toujours une puissance à ménager et conclut à dire qu'entre chien et loup le hibou est un guide pratique supérieur.

Le héron parle en ces termes : « Docteurs bel et bien huppés ! Je reconnais que votre huppe dépasse en hauteur celle de vos devanciers ! » Ce début prévint l'auditoire en sa faveur. La huppe lui fit dire de se tenir sur une seule patte, si cela lui était plus commode. Il continua : « Je suis plus disposé que personne à chercher un meilleur sort, et je trouve fort bonne notre idée de vous identifier à celui qui a plus que vous. Le métier du héron, voyez-vous, va devenir de plus en plus incertain. Nous avons profité de notre mieux de l'avis du bon La Fontaine, et, de peur de manquer l'occasion, nous nous jetons sur toute proie comme des enragés. Pourvu que nous n'arrivions pas au limaçon, tout moyen nous semble bon. Mais, depuis la liberté de la presse, les poissons en ont appris si long qu'ils bouleversent toutes les habitudes de la pêche. Il vient de se monter une compagnie de poissons qui aurait pour but de pêcher les hérons. C'est un oubli complet des convenances, et cela peut prendre beaucoup de gravité; car, une fois lancé, criez donc à un poisson : Arrête !

« L'autre jour un banc de harengs a passé en me montrant les dents! Vous verrez qu'un de ces jours ils me jetteront l'hameçon.

« Je renonce au métier. Vous pourrez m'utiliser en voyage par mon aptitude à changer de climats. Je possède la rose des vents de façon à utiliser les moindres brises, ce qui m'a valu la décoration de l'ordre du Bain. »

A ces derniers mots, la huppe l'accueillit avec toutes sortes de prévenances. « Dans nos grandes perturbations d'atmosphère, dit-elle, nous ne pouvons trop ménager ce héron, bon voilier, possédant la rose des vents et décoré de l'ordre du Bain. »

Ce n'est pas sans étonnement qu'on voit se présenter le humay comme un aspirant à ces lieux où s'ourdit la trame (chaîne sans coton) du bonheur parfait! Car, en sa qualité d'oiseau fabuleux, il doit être au pinacle de la faveur. On a tant abusé du merveilleux que nous l'avons vu tomber dans le banal, et depuis qu'on en est arrivé à traiter l'impossible en petit garçon, *ce qui n'est pas du tout* me paraît seul en mesure d'exciter l'intérêt général. Or, comme le humay, oiseau mystique indien, n'est pas du tout, il doit, sur tous ses compagnons, être prôné, choyé, festoyé, et pourtant, lui aussi, trouve le moyen de désirer mieux qu'il n'a. Il est vrai qu'il est chargé d'une mission fort délicate dans laquelle il prétend n'avoir pas eu tout l'agrément possible. Tranchons le mot : c'est de la politique que fait le humay, et à ce propos il lit un long discours tout plein de considérations pratiques et de paroles de haute portée, sur lequel une corneille qui abat des noix fait une glose.

La huppe profite de ce que l'auditoire est endormi pour lui dire qu'elle le regarde particulièrement susceptible d'une combinaison immédiate avec Simorg et lui délivre une carte d'entrée sans contrôle, qui le dispensera de la queue, chose à laquelle tous les autres oiseaux sont sujets.

Une foule d'autres oiseaux se firent inscrire encore. La perruche allégua que, puisque les hommes se servaient de perroquets *vice versâ*, elle devenait un hors-d'œuvre. La perdrix prétendit que, depuis l'invention du strass, l'écrin précieux qu'elle avait amassé autour de son cou, de son bec, et jusqu'en son sein, ne lui donnait pas le même ascendant parmi les élégantes parvenues, dont elle parla avec un dépit mal déguisé.

J'ai remarqué alors un mouvement général. La compagnie l'*Accident* a fait prendre des coupons d'assurance aux voyageurs. La huppe a senti le besoin de faire éditer une topographie de la route, qui, avec les plans et son portrait composait un léger in-folio qu'on a forcé chaque voyageur d'acheter, ce qui a été pour elle et l'éditeur une excellente affaire.

Cependant les difficultés de l'entreprise ont commencé à se révéler dans leur effrayante réalité au moment où l'on a dû s'initier au mystère des sept vallées que notre savant auteur Attar désigne ainsi :

Les vallées de la recherche, de la connaissance, de la suffisance, de l'amour, de l'ébahissement, de la pauvreté, et enfin..... La septième et béate vallée de l'unité, but sacré du voyage ! Ces vallées, dans l'ordre correspondant, se trouvaient être, pour les oiseaux français : les filets de Saint-Cloud, les appareils de chloroforme, les brochettes des marchands de comestibles, les miroirs de la banque, les cages de Clichy, l'hôpital des animaux, et........ enfin ! enfin !.... la septième,.... le palais.... de la Bourse.

La huppe parla pendant huit jours pour développer les dangers de ces vallées redoutables, ce qui doubla l'emportement des pèlerins.......... Ils partirent !!!......

Le premier sinistre suivit immédiatement le départ; à savoir, que chacun voulut partager le commandement avec la huppe. Le héron dit qu'il était huppé. Le canard dit qu'il était huppé. Le paon aussi, le hibou aussi, comme allié du grand duc. Le faucon dit que c'était justement parce qu'il ne l'était pas, qu'il voulait commander, et, d'un tour de bec, il arracha la huppe à tous ceux qui la portaient. On se battit, on se pourchassa, on passa en désordre dans les vallées qui se blanchirent des os des oiseaux égarés dans leurs mystérieuses horreurs. L'appétit démesuré que donne

l'exercice entraîna, par un enchaînement fatal d'imprudences, beaucoup de victimes à ce fatal dénoûment. Je crois être en mesure d'affirmer que les cages, les miroirs, les brochettes, etc., savent seuls le nombre des mânes qui errèrent depuis ces tristes jours sur leurs bords avares ! Il en arriva ce qu'il put au rendez-vous suprême de l'unité, et ce fut en poussant des cris de joie et d'espérance délirante, que les heureux croyants qui étaient encore en bon nombre, s'abattirent dans la merveilleuse vallée. Là ils virent un palais enchanté qui portait à son front radieux le mot d'ordre qu'on leur avait donné au départ, avec un cadran qui leur annonçait péniblement que, là aussi, la fortune est à l'heure ; ils n'eurent pas le temps de voir s'il retardait, et se précipitèrent dans l'enceinte du temple vénéré en criant : Unifions-nous ! combinons-nous ! abîmons-nous ! remplumons-nous ! en toi Dieu promis ! Dieu fécond ! Dieu sonnant ! Dieu pompons ! rosaces ! fleurons ! . . . .
. . . . Mais, introduits dans le sanctuaire, que virent-ils !....

Ce sanctuaire du Dieu mystique était un grand atelier où on plumait tous les oiseaux nouveaux débarqués. C'était une activité extraordinaire de ces lévites qui, en répétant des mots d'une sonorité formidable, plumaient, plumaient, et jetaient les plumes en l'air de façon à aveugler les yeux les plus perçants. Ils commençaient par les aigrettes, puis les grandes plumes des ailes, puis arrivaient jusqu'à l'intime duvet ; de temps en temps même ils flambaient les oiseaux tous vivants. Je remarquai que quelques-uns seulement, qui avaient bec et ongle, s'unissaient à une certaine force invisible et devenaient, en effet, pompons, rosaces, frisons, etc.... Mais ils étaient bientôt assaillis par les victimes qui, à leur tour, les plumaient, ramassaient les pompons, se les ajustaient, les reperdaient.... Si bien, qu'en sortant de là, ces croyants fidèles, prêchés par la huppe, n'étaient plus qu'un peuple d'oiseaux dénudés comme des lézards et qui s'arrachaient encore quelques lambeaux de la tunique du décevant Simorg, voulant sans doute éviter par cet hommage à la pudeur, de donner la chair de poule au soleil qui allait les revoir dans cet état. L'étrangeté de la scène les frappant, malgré tout, par son côté ridicule, oiseaux légers qu'ils sont! ils n'ont pu se regarder sérieusement en ce singulier équipage, et le tout a fini par un immense éclat de rire.

Un rire formidable a répondu du fond du grand atelier de plumasserie!!! Les oiseaux superstitieux ont fait tourner la table. Elle a dit que c'était Simorg qui riait.

En voyant l'insuffisance de ces notes, je me sens en entraînée à vous dire, Monsieur, toute la vérité. J'échapperai ainsi à la responsabilité, que je n'ai pas le droit d'appeler toute sur moi, et devant laquelle je m'intimide. Je n'aurais vraiment pu vous livrer certains menus détails qui m'ont échappé si le hasard ne m'avait fait rencontrer la bergeronnette, qui, comme celle d'orient, avait suivi le mouvement, malgré sa faiblesse. Elle était revenue avec les déplumés de Simorg, et quand je l'aperçus, elle taillait la seule plume qui lui fût restée pour écrire ses mémoires. J'obéis au devoir sévère de la désabuser sur cette dernière illusion de se faire bergeronnette de lettres. Elle avait sauvé assez de bon sens de la bagarre pour apprécier mes conseils, et elle s'est d'autant plus volontiers décidée à me livrer ses documents que je lui ai promis de vous les communiquer.

Je me permets encore une réflexion en vous quittant, Monsieur; si cette histoire était arrivée à la connaissance de votre auteur Attar, n'aurait-il pas pu s'écrier que toute sagesse de sofis était désorientée en occident.

Quant à nous, rien en cela ne peut nous surprendre. L'homond ne nous a-t-il pas fait péniblement répéter, quand nous avions à peine éloigné nos lèvres du biberon, à propos des capricieux adverbes : *Quot aves tot sententiæ ?*

B. DE S.